Charles de Varigny

Les Coulisses de la vie politique aux États-Unis

Politique

Le code de la propriété intellectuelle du 1er juillet 1992 interdit en effet expressément la photocopie à usage collectif sans autorisation des ayants droit. Or, cette pratique s'est généralisée dans les établissements d'enseignement supérieur, provoquant une baisse brutale des achats de livres et de revues, au point que la possibilité même pour les auteurs de créer des œuvres nouvelles et de les faire éditer correctement est aujourd'hui menacée. En application de la loi du 11 mars 1957, il est interdit de reproduire intégralement ou partiellement le présent ouvrage, sur quelque support que ce soir, sans autorisation de l'Éditeur ou du Centre Français d'Exploitation du Droit de Copie , 20, rue Grands Augustins, 75006 Paris.

ISBN : 978-1721185054

10 9 8 7 6 5 4 3 2 1

Charles de Varigny

Les Coulisses de la vie politique aux États-Unis

Politique

Table de Matières

Introduction

La campagne présidentielle suit son cours aux États-Unis ; la convention républicaine siégeant à Minneapolis a choisi, comme candidat du parti, Benjamin Harrison, président en exercice ; la convention démocratique, réunie à Chicago, a porté ses suffrages sur Grover Cleveland, ex-président de 1885 à 1889. L'élection aura lieu le second mardi du mois de novembre 1892, et, le 4 mars 1893, le nouveau président entrera en fonctions.

Cette campagne est virtuellement entamée depuis le 22 juin, date à laquelle G. Cleveland a été proclamé le candidat du parti démocratique ; elle n'est officiellement ouverte que depuis le jour où les deux candidats ont signifié par écrit leur acceptation, mais la période de quelques semaines qui s'écoule entre ces deux dates est des plus actives. Elle est employée à réunir des fonds, à choisir le personnel dirigeant de l'élection et les agents sous ses ordres, à mettre en état de fonctionner des rouages multiples. Ce travail préliminaire, mais important, ne saurait être anticipé ; il est subordonné au choix du candidat par la convention. Sa personnalité et sa popularité sont, jusque-là, des facteurs inconnus et, selon ces facteurs, les moyens d'action diffèrent et aussi la désignation de ceux appelés à les mettre en œuvre. Suivant que les suffrages de la convention se portent sur un personnage en vue, et c'est ici le cas pour les deux candidats, ou sur un homme peu marquant, un *dark horse*, un « cheval noir, » comme on qualifie les individualités à peu près ignorées des masses, telles que le furent, à leur heure, Abraham Lincoln, Hayes ou Garfield, le plan de campagne varie, défensif ou agressif, panégyrique du chef du parti et des principes qu'il représente, ou dirigé contre le candidat adverse, s'attaquant à sa vie privée, à son passé, à son entourage, au programme qu'il accepte ; souvent il est l'un et l'autre. Une campagne présidentielle est une guerre au couteau et sans merci ; tant qu'elle dure, il semble qu'on puisse tout dire, le vrai comme le faux, et on ne s'en fait pas faute. « Achetez, clamait un camelot dans les rues de New-York, achetez l'extra du *Morning Star*, contenant la révélation d'un acte d'indélicatesse commis par le candidat du parti démocratique à la présidence. » On achetait, et l'acte d'indélicatesse, bruyamment dénoncé à la vindicte publique, se bornait à un délit puéril commis à l'âge de dix ans. On précisait le jour, l'heure, le lieu, le tout dûment certifié et attesté par la bonne de l'enfant. On en riait, mais il n'en va pas toujours ainsi, et la presse adverse n'a pas épargné à M. James Blaine les plus cruels commentaires sur la mort de son fils et le procès dont le menaçait sa belle-fille, non plus qu'elle n'a hésité, contre toute évidence et toute vérité, à diriger, lors de la dernière campagne, les plus odieuses calomnies contre M. Cleveland, l'accusant de maltraiter sa femme, pour laquelle il professait un culte.

Ce sont là les côtés venimeux et malpropres de la lutte ; ce ne sont ni les moins usités ni les moins efficaces. Pour manier ces armes empoisonnées, il faut un personnel spécial ; il en faut un autre pour combattre, sur le terrain des principes, sur celui des questions à l'ordre du jour et des solutions que proposent les partis en présence ; un autre aussi pour les allocutions populaires, pour recruter et stimuler les partisans ; un autre, plus discret, pour les négociations délicates, pour les promesses d'emplois, de grosses et de petites places ; un autre enfin pour surveiller les agissements du parti adverse et contrôler ses propres agents. Pendant quatre mois, dans les 44 États de l'Union, dans les 2,241 districts qu'ils renferment, cette machine fonctionne, chauffée à haute pression. Dans chacun de ces États, siègent un comité démocrate et un comité républicain, lesquels surveillent et dirigent les sous-comités de districts et que dirige et surveille un comité central, composé d'un membre par État, d'un secrétaire et d'un président. Ce sont quelquefois des hommes politiques que l'on choisit pour ces fonctions importantes ; ce sont toujours des tacticiens habiles, des politiciens consommés.

Nous nous proposons d'étudier et de montrer ce mécanisme à l'œuvre, d'indiquer comment on réunit l'argent nécessaire aux dépenses de toute nature d'une élection présidentielle ; à quelles sommes ces dépenses s'élèvent ; où et comment se recrute le personnel des agents électoraux de tout ordre ; ce qu'une élection présidentielle coûte actuellement à chacun des deux partis et enfin ce qu'elle coûte à l'Union américaine. Les sources auxquelles nous empruntons les documents dont nous nous servirons pour cette étude des coulisses de la vie politique aux États-Unis ne laissent aucun doute sur leur exactitude. Si les chiffres par lesquels se terminera ce travail paraissent exagérés, nous rappellerons que, si l'on peut établir exactement le montant dos dépenses officielles de chaque parti, l'on ne saurait qu'évaluer approximativement les pertes causées au pays par une crise politique. Sur ce dernier point, nous citerons les appréciations d'hommes d'affaires éminents et compétents, capitalistes, banquiers, industriels, directeurs de chemins de fer, négociants, courtiers, hommes de tous les partis, dont les évaluations diffèrent cependant de peu et, entre ces évaluations, nous nous arrêterons aux plus modérées.

Section I

Le président des États-Unis est élu par le suffrage populaire, non à la pluralité des votes directs, mais à la majorité des *votes électoraux* attribués, selon le chiffre de leur population, à chacun des États de l'Union. Il en résulte qu'un candidat peut réunir la majorité des voix sans obtenir la majorité des votes électoraux, et cela par un calcul fort simple. La Pensylvanie, par exemple, peut donner 50,000 voix de majorité, 100,000 même, à l'un des candidats ; elle ne lui donnera jamais que les 32 votes électoraux dont elle dispose. Cette majorité de 50,000 ou de 100,000 grossira le chiffre des voix ralliées sur le nom du candidat, mais elle n'ajoutera rien au nombre des votes électoraux qui comptent seuls. Tel fut le cas pour Cleveland en 1888. Le Texas lui donna 146,461 voix de majorité, un millier suffisait pour lui assurer les 13 votes électoraux de l'État. Sur les 11,386,632 suffrages populaires exprimés, 5,538,434 allèrent à Cleveland, alors que 5,440,551 seulement se groupaient sur le nom de Harrison. Il avait donc une majorité de 97,883 voix, mais Harrison réunissait 233 votes électoraux et Cleveland 168 seulement.

En fait, les forces dont disposent les deux partis qui se disputent le pouvoir sont à peu près égales. Lors de l'élection de 1876, le parti républicain, représenté par Hayes, ne l'emportait que d'*un* vote électoral : 185, contre 184 pour Tilden. En 1880, Garfield, candidat républicain, recevait 214 votes électoraux contre 155 à Hancock, démocrate ; mais, en 1884, Cleveland, démocrate, réunissait 219 votes contre 182 à Blaine. On voit combien parfois est faible l'écart entre les deux partis et combien incertaine l'issue de la lutte actuelle. Aussi, de part et d'autre, redouble-t-on d'efforts, pour déplacer les voix et conquérir la majorité. C'est affaire d'habileté, de tactique et d'organisation.

Dans les deux camps, cette organisation est identique ; elle est le résultat d'une longue série de tâtonnements et d'une longue expérience ; chacun de ses rouages a été essayé, perfectionné, combiné en vue du maximum d'effet à en obtenir, aussi n'a-t-on garde d'y rien changer. Décrire l'organisation d'un parti, c'est décrire celle de l'autre ; le nombre des comités est le même, mêmes aussi leur hiérarchie, leur coordination, leur mode de fonctionnement et jusqu'à leurs dépenses.

A la tête de ce mécanisme savant se trouve, tout d'abord, l'élu de la convention, le représentant du parti. Sa situation en vue, son rôle possible de président futur, le relèguent dans une inaction relative. Il agit peu, parle peu, écrit moins encore ; les hommes politiques qui l'entourent et dont l'avènement dépend de son succès, veillent sur lui et autour de lui, écartant importuns, indiscrets, solliciteurs et reporters. Un mot imprudent, une déclaration malencontreuse, peuvent compromettre son élection. La *plat-form*, ou le programme du parti, adopté par la convention dont il est l'élu, accepté par lui, est supposé être l'exposé fidèle de ses vues politiques et répondre à toutes les questions que l'on est en droit de lui poser. Il se renferme dans ce programme et s'y cantonne ; il n'en sort et ne se découvre qu'au cas où, dans le cours de la campagne présidentielle, surgit un incident grave de politique intérieure ou extérieure, et la solution qu'il préconisera sera ! e résultat de délibérations sérieuses avec ses conseillers.

Au premier rang de ceux-ci, auprès de lui, mais non au-dessous de lui, est l'homme politique, le chef dirigeant du parti, le plus souvent le secrétaire d'État futur de la nouvelle administration. Son rôle est autrement actif ; ce fut celui que joua James Blaine dans la dernière campagne électorale qui amena Harrison à la Maison-Blanche et Blaine au pouvoir. A lui incombe la tâche de conduire l'élection à bon terme, de surveiller de loin et de haut les agissements du comité central, des comités d'État, des agents principaux, d'épier les fautes de tactique de ses adversaires, de tirer parti des incidents qui peuvent se produire ou qu'il fait naître, d'inspirer et d'orienter la presse du parti, de modérer ou d'activer son zèle, de concentrer, ainsi qu'un général habile, ses plus puissants moyens d'action sur les États incertains. C'est à lui qu'ont affaire les solliciteurs signalés comme en mesure de déplacer le vote d'une circonscription importante ; c'est de lui qu'émanent les promesses de places, les engagements pris à échéance, réalisables au lendemain du succès. Il est l'ingénieur de la grande machine qui manipule la matière électorale ; il la met en branle ; elle reçoit de lui son impulsion et, pendant quatre mois, elle fonctionne sans relâche sous sa direction.

Il est quelquefois l'ami, le bras droit du président futur, l'homme qui a posé et prôné sa candidature, qui a travaillé la convention d'où le nom du candidat est sorti victorieux. Il n'est souvent aussi rien de tout cela, ni l'ami, ni le confident de l'élu, mais le tacticien du parti, imposé par le parti, l'homme habile, ambitieux, qui, sous-main peut-être, prépare sa propre élévation à l'élection suivante. Ainsi fut Blaine pour Harrison : son grand électeur, mais son rival futur. Il a, sinon la confiance du candidat, à tout le moins une grande expérience des choses politiques, un rare sang-froid, un coup d'œil juste, une connaissance approfondie des visées secrètes, des ambitions inavouées, de la valeur vraie des hommes en vue du parti dont il est le meneur. Il est actif, infatigable, toujours sur la brèche, toujours calme et tout à tous.

Pour le seconder dans sa tâche écrasante, il a ses secrétaires volontaires, ses collaborateurs, dont des places bien rétribuées récompenseront le zèle et les efforts. A eux, les besognes secondaires auxquelles il ne saurait suffire, les entrevues, les marchandages dans lesquels il ne saurait figurer. Ils transmettent ses ordres et ses indications ; ils examinent, trient ou rédigent les nombreux documents que l'on distribue par millions : attaques ouvertes ou perfides contre le parti adverse, extraits d'articles de journaux ou de discours oubliés, rassemblés avec art, en vue d'influencer les électeurs, notes discrètes communiquées à la presse amie. Parfois, détachés dans un État douteux, ils vont y porter le mot d'ordre, la parole du chef, réchauffer le zèle des agents, ratifier les transactions amenées à bonne fin. Ils sont les bras et les yeux du metteur en œuvre.

Mais celui qui le seconde et le renseigne est un tout autre personnage. Président du comité central, il est, lui, l'homme ostensible du parti, celui dans les mains de qui se concentrent les informations transmises par les *state committees*, les comités d'État. Jour par jour, heure par heure, il suit les évolutions de l'opinion publique, ses brusques revirements, les gains et les pertes à enregistrer à l'actif ou au passif du parti ; il en démêle les causes et les indique au chef politique. Homme de parti lui-même, il est surtout administrateur habile, politicien doublé d'un homme d'affaires expérimenté et intègre. Ce n'est pas là sa moindre qualité, ni son moindre titre. Il a le maniement des fonds ; il en dispose à sa guise et n'en rend compte, la campagne terminée, qu'aux chefs politiques du parti, qui n'ont d'ailleurs aucun droit de révision et qu'absorbent d'autres préoccupations. Il est sans exemple que l'homme auquel incombe cette lourde responsabilité ait profité de ses fonctions pour s'enrichir ; il courrait plutôt risque de se ruiner, malgré tout son savoir-faire.

De son choix heureux, de la confiance qu'il inspire, dépend, en grande partie, le montant des contributions, volontaires et autres, qui alimentent la caisse du parti. Ce montant varie, mais il est, à peu de chose près, le même dans un camp et dans l'autre ; il s'accroît d'ailleurs à chaque élection présidentielle. En 1880, les souscriptions recueillies par le comité central républicain, alors présidé par le marshall Jewell, s'élevaient à 450,000 dollars, 2,250,000 fr. En 1884, le même parti encaissait 2,500,000 fr. ; en 1888, le total s'élevait à 4 millions pour le parti républicain, 3,550,000 francs pour le parti démocrate ; cette année l'on estime à 5 millions le montant recueilli par le comité central de chaque parti, soit 10 millions pour les deux. Ces sommes sont fournies par des milliers de souscripteurs ; elles varient depuis quelques dollars jusqu'à 10,000 et 20,000 ; elles proviennent de toutes les classes de la population. Sur la liste, figurent des maisons de banque et de commerce dont on retrouve les noms sur la liste adverse et pour le même chiffre ; elles ont des amis et des clients dans les deux camps et ne veulent pas s'aliéner le parti vainqueur, quel qu'il soit. Parfois aussi, comme en 1888, apparaît le nom d'un grand capitaliste souscrivant pour 1,250,000 francs.

A cette première mise de fonds, il faut ajouter les sommes encaissées par les comités d'État, de l'organisation et du rôle desquels nous parlerons plus loin. Leur total varie considérablement d'un État à l'autre, suivant la richesse de la population et aussi la passion qu'elle apporte dans la lutte. On peut évaluer le montant de ces souscriptions locales à environ la moitié de celui qu'encaisse le comité central, soit à peu près 5 millions à répartir entre les deux camps. « Ces fonds, en quelque sorte officiels, et dont le total est connu, sont, écrit un agent électoral au *New-York Herald*, dépensés *on honor*, c'est-à-dire qu'il n'en est pas rendu publiquement compte ; le relevé clos et arrêté des dépenses n'est communiqué qu'à titre confidentiel aux membres influents du parti et, généralement, nul n'a qualité pour procéder à une révision. » La vérité est que le parti vainqueur n'a aucun souci de vérifier l'authenticité des dépenses et que le parti vaincu n'a cure de procéder à une enquête, *post mortem*, des dépenses autorisées par son comité. En 1888, le parti républicain inaugura la création d'un comité de finances présidé par M. Wenamaker, lequel se fit rendre compte des déboursés et vérifia les pièces comptables, mais ce fut là une mesure exceptionnelle prise en vue d'augmenter la confiance des souscripteurs. Les résultats de cette innovation, généralement blâmée comme contraire aux précédents, ne font pas prévoir qu'on y ait recours de nouveau ; on s'en tiendra, comme par le passé, à choisir, pour président du comité central, un financier dont l'intégrité inspire une confiance absolue ; on s'appliquera aussi, et de plus en plus, à appeler à ces fonctions des hommes dont la situation de fortune soit telle qu'elle les mette à l'abri de tout soupçon.

L'expérience a démontré, en effet, qu'il était absolument nécessaire que le président du comité central eût, derrière lui, de fortes réserves et pût faire face, de ses propres deniers, aux exigences de la situation. Les souscriptions rentrent irrégulièrement, parfois lentement, et les dépenses doivent être acquittées à présentation sous peine de voir brusquement s'arrêter le fonctionnement de la machine. Il est souvent arrivé que le président du comité central a dû faire des avances de 1,500,000 francs et de 2 millions à la caisse de son parti et prendre, en outre, à son compte, la campagne terminée, le déficit occasionné paries dépenses imprévues et urgentes des derniers jours. Le temps manquait pour les soumettre à l'approbation du comité ; force était au président d'en assumer la responsabilité et d'y faire face. C'est ainsi que, lors de la candidature de M. Blaine à la présidence, M. B.-F. Jones dut payer de sa poche une somme de

600,000 francs pour parfaire les comptes. La dernière campagne présidentielle coûta plus cher encore à M. Brice, président du comité démocratique ; il en fut pour 2,300,000 francs, et ce chiffre explique le peu d'empressement qu'il vient de montrer et son refus d'accepter la direction de la campagne actuelle.

En présence de pareilles responsabilités, on s'étonne qu'il se trouve des personnalités marquantes pour les assumer. Il faut que la passion politique soit bien forte ou que la tentation de jouer un rôle important, ne fût-ce que pendant quelques semaines, soit bien vive, pour déterminer un homme puissamment riche à se charger d'une tâche onéreuse autant qu'ingrate. Il est sans exemple, en effet, que le président d'un comité central ait jamais été appelé à figurer dans le haut personnel gouvernemental de son parti, en cas de succès. La tradition veut qu'il soit exclu de tout emploi ; il le sait et n'en brigue aucun. Si encore la position qu'il occupe offrait quelques compensations de vanité ou lui valait quelques témoignages de gratitude pour son dévouement ! Mais il n'en est rien. Il est, par cette position même, en butte aux récriminations des uns, aux objurgations des autres, aux critiques de tous. En cas d'insuccès, il est le bouc émissaire, celui que l'on blâme et que l'on charge des fautes communes. En cas de réussite, on l'écarte, on l'ignore, et pendant que les vainqueurs se partagent le butin, il additionne mélancoliquement devant une caisse vide les comptes qu'il lui reste à solder. Son rôle n'a qu'un jour, sans lendemain.

Populaire, il ne l'est pas ; il n'a que de la notoriété. Durant les quelques semaines de son exercice, il mène une vie peu enviable, relancé du matin au soir par tous ceux, et ils sont nombreux, qui aspirent à émarger au budget dont il dispose. Si habile qu'il soit à se dérober, il ne peut se refuser aux entrevues avec les hommes marquants du parti qui lui prodiguent des avis dont il n'a souvent que faire, et lui recommandent, quand ils ne les lui imposent pas, des agents souvent incapables. Il se décharge sur ses collègues du comité et sur son secrétaire des importuns, mais c'est au risque de grossir la liste des mécontents.

Par le fait même de ses attributions, le président d'un comité central fut longtemps un homme politique ; il l'est encore, mais il tend de plus en plus à devenir l'administrateur et le financier du parti. Il personnifie un facteur nouveau dans la vie publique :

les capitalistes, dont l'intervention active dans les élections s'accentue. Aussi les chiffres que nous donnons plus haut, et qui sont empruntés aux comptes-rendus indiscrètement divulgués des comités centraux et des comités d'États, ne comprennent-ils pas l'intégralité du montant dépensé en faveur de l'un ou de l'autre candidat. Les 15 millions mis en ligne représentent les sommes versées aux comités et déboursées par eux, mais il est bien difficile d'évaluer celles que, sur tel ou tel point, dans tel ou tel État, des particuliers colossalement riches ou des organisations puissantes peuvent dépenser pour assurer le succès d'un candidat protectionniste ou anti-protectionniste, dont l'élection serait de nature à déterminer une orientation nouvelle de la politique financière, à amener une modification des droits de douane, des patentes et des taxes intérieures. Si, jusqu'ici, cet appoint n'a joué qu'un rôle secondaire dans les élections présidentielles antérieures, de nombreux indices autorisent à croire qu'il en sera autrement, dans celle-ci probablement, dans l'avenir certainement. Les questions soulevées touchent de trop près aux intérêts financiers pour les laisser indifférents ou neutres ; les programmes des deux partis diffèrent *in toto* quant au tarif douanier, et la concentration, dans un petit nombre de mains, de capitaux énormes est une irrésistible tentation, pour ceux qui les détiennent, d'intervenir de plus en plus activement dans la solution de problèmes qui les intéressent à un si haut degré.

C'est ainsi que l'on a vu des capitalistes deux cent cinquante fois millionnaires, comme Andrew Carnegie, l'ami intime de Blaine, mettre des millions à la disposition de cet homme d'État pour assurer le succès de ses combinaisons. Cette immixtion des gros capitaux dans la politique est un fait comparativement récent aux États-Unis. En 1847, on n'y citait encore qu'un seul particulier dont la fortune s'élevât à 25 millions ; on en cite plus de 2,000 aujourd'hui. Deux cent cinquante familles possèdent chacune plus de 100 millions et, dans ce nombre, il en est dont le capital, atteint 1 milliard. Le calcul suivant, établi sur les chiffres de l'income-tax, et, par conséquent, notoirement inférieur à la réalité, répartit comme suit le nombre et l'importance des grosses fortunes américaines en 1892 :

250 au-dessus de 100 millions	soit au minimum	25 milliards
500 de 50 à 100 millions	» »	25 »
1,000 de 25 à 50 millions	» »	25 »
2,500 de 12 1/2 à 25 millions	» »	31 »
7,000 de 5 à 12 millions 1/2	» »	35 »
20,000 de 2 1/2 à 5 millions	» »	50 »

soit un total de 31,250 individus possédant, au minimum, 191 milliards, autrement dit les trois cinquièmes de la richesse nationale évaluée à un peu plus de 300 milliards de francs. Dès 1890 déjà, trente familles détenaient, à elles seules, 5,554 millions de francs, soit, en moyenne, 185 millions par famille.

Il y a là un péril grave pour les États-Unis et nous l'avons signalé dans nos précédents articles, non que l'on puisse, d'ici à longtemps, redouter d'y voir, comme à Rome, le pouvoir suprême mis aux enchères, mais parce que l'intervention des gros capitaux dans les élections est particulièrement de nature à fausser le libre jeu du suffrage populaire, à faire de l'argent le facteur principal, à substituer une oligarchie financière à une démocratie ouvrière. Est-ce à dire que la corruption électorale soit plus grande aux États-Unis qu'ailleurs et que l'on y trafique ouvertement des votes payés denier comptant ? Non ; ni les sommes mises jusqu'ici à la disposition des comités, ni celles que peuvent débourser de riches particuliers n'autorisent à le croire. Il n'en est pas moins vrai que les partis ne sont, pas plus ici qu'ailleurs, scrupuleux sur l'emploi des moyens, et que ceux auxquels ils ont parfois recours sont de nature à justifier de sérieuses appréhensions et à provoquer l'immixtion ouverte et brutale des millions dans les luttes politiques.

Si, en effet, rien n'est plus légitime, pour des citoyens libres dans un pays libre, que de contribuer de leurs deniers aux dépenses d'une élection, de constituer un fonds commun, d'y souscrire selon leurs moyens, de se faire, de cette souscription, soit un titre à la reconnaissance de leur parti, soit une réclame financière ou mercantile ; si l'on est forcé d'admettre que l'usage constant reconnaît à un parti le droit de stimuler le zèle de ses adhérents par la promesse de places lucratives, de désarmer ses adversaires influents par la perspective de grasses sinécures, il n'en est plus de même quand la pression exercée sur les électeurs prend la forme d'une contribution forcée, ou celle de sommes prélevées sur le trésor public et payées, sous une rubrique complaisante, en échange de votes futurs. Ce n'est pas là une hypothèse, mais bien une indéniable réalité.

En vertu du principe, proclamé en 1829 par le président Jackson, que les dépouilles appartenaient aux vainqueurs, *spoils to the victors*, on a vu les partis qui se succédaient au pouvoir remplacer, par leurs adhérents, les agents de tous ordres qu'ils trouvaient en fonctions. De là à conclure que ces fonctionnaires avaient un intérêt vital au maintien de leur parti aux affaires, à les inviter d'abord, à les obliger ensuite à souscrire, pour une somme calculée d'après le chiffre de leurs émoluments, à la caisse électorale, il n'y avait qu'un pas. Ces souscriptions obligatoires constituaient, pour le parti au pouvoir, une première mise de fonds importante. L'opposition, de son côté, ne se faisait pas faute d'obtenir, moyennant la promesse de ces places, des souscriptions au moins égales, et l'on aboutit à ce curieux résultat, qui prouve que l'ardeur des postulants l'emporte sur l'instinct de conservation des occupants, de versements plus considérables faits par les premiers que par les derniers : « La caisse électorale de l'opposition, écrivait le *New-York Herald*, est plus facile à remplir que celle du parti gouvernant. »

Cette infériorité est, d'ailleurs, compensée, et bien au-delà, par la plus gigantesque machine électorale qu'ait jamais inventée un parti au pouvoir en vue de s'y maintenir. Nous voulons parler du Bureau des pensions, *United States Pension bureau*, créé lors de la guerre de sécession, en 1861, pour assurer une retraite aux officiers et soldats blessés de l'armée du Nord, une pension aux veuves et aux enfants des tués. Rien ne prouve mieux que l'examen des chiffres combien cette création, en apparence tout humanitaire, a rapidement dévié de son objet pour devenir une institution politique destinée à rémunérer des services politiques. De 1861 à 1864, le montant des pensions payées aux ayants-droit n'excède pas 5 millions par an. Le 9 avril 1865, la lutte est terminée par la reddition de Lee. A mesure que l'on s'éloigne de la période de la guerre et que, par conséquent, les extinctions doivent se produire, les chiffres grossissent et les demandes s'accroissent. On débourse 20 millions en 1864, 120 millions en 1868, 285 en 1881, 400 en 1888, date de l'avènement de M. Harrison et du parti républicain au pouvoir, 500 millions en 1890, 600 millions en 1891 ! A qui faire admettre que, vingt-six ans après une guerre dans laquelle les armées de l'Union n'ont jamais eu plus d'un million d'hommes sous les armes, il puisse rester, déduction faite des non-blessés, 676,160 combattants invalides ou veuves de combattants ? A qui faire comprendre que le nombre des pensionnés, qui s'élevait à 198,666 en 1870, atteigne en 1891, vingt-six ans après la guerre, le chiffre de 676,160 et que celui des postulants, pour 1891 seulement, dépasse 363,000 [1] ? La loi du 27 juin 1890, qui a singulièrement élargi les cadres des pensions militaires, a été surtout dictée par des préoccupations électorales, et l'enquête faite, sous la pression de l'opinion publique, par une commission du congrès, sur les agissements du général Raum, directeur du Bureau des pensions, a montré ce qu'était devenue, entre les mains des partis, cette œuvre de réparation.[2]

Section II

Au-dessous du comité central, lequel réunit les renseignements, encaisse et débourse l'argent, fonctionnent les comités d'États, présidés par les hommes les plus populaires et les plus influents du parti dans chaque État. Chacun de ces États, avons-nous dit, dispose d'un nombre de votes électoraux égal au nombre total de sénateurs et de représentants qu'il nomme au congrès. Ce nombre varie avec l'accroissement de la population ; il était de 328 en 1872, de 369 en 1876, de 401 en 1888 ; il sera, en 1892, de 444, et le candidat élu devra en réunir 223. Ces votes électoraux se répartissent inégalement entre les États. Les uns, comme l'État de New-York, disposeront, de par la loi de répartition du 7 février 1891, de 36 votes électoraux, la Pennsylvanie de 32, l'Illinois de 24, l'Ohio de 23 ; d'autres, comme le Missouri, de 17, le Texas, l'Indiana et le Massachusetts de 15 ; d'autres enfin de 9, de 6 et de 3. Dans la plupart de ces États, les forces respectives des républicains et des démocrates se balancent ; quelques-uns sont notoirement

---

1 *Pension Officiai Statistics*, 1892.
2 *Reports of Special Comittec of Congress*, 1892.

inféodés à l'un ou à l'autre parti. Dans ces derniers la lutte est à peu près nominale, le vote est acquis d'avance, et l'œuvre du comité du parti dominant se borne à tenir en échec le comité rival dont l'unique but est, non de déplacer un vote certain, mais de grossir les chiffres de sa minorité en vue de l'avenir, et de battre en brèche la prépondérance de ses adversaires.

Dans les États douteux il n'en va pas ainsi. Un déplacement de quelques milliers de voix peut entraîner le déplacement de 30, 25, 20 votes électoraux et décider du succès de la campagne. Tel est le cas actuellement pour l'Illinois, où les comités d'Harrison et de Cleveland se disputent avec acharnement les votes électoraux dont cet État dispose. Depuis douze années, la majorité républicaine y perd du terrain, la minorité démocratique en gagne. En 1880, la majorité républicaine se chiffrait par 40,000 voix ; elle n'était plus que de 25,122 en 1884, de 22,190 en 1888. Or, depuis 1888, le nombre des électeurs s'est accru ; de 747,000 il s'est élevé à près de 800,000, dont bon nombre d'Allemands luthériens et de Suédois naturalisés, adhérents du parti démocratique. Aussi l'Illinois est-il considéré par les républicains comme un État très douteux, par les démocrates comme un État d'une conquête possible et probable.

Ici, la tâche des comités d'États devient singulièrement complexe. Elle l'est d'autant plus que l'Illinois est tenu pour la clé de voûte de ce qu'on appelle les « vieux États du nord-ouest ; » ils sont au nombre de cinq : Illinois, Indiana, Michigan, Wisconsin et Iowa. Chicago est leur capitale politique. En 1888, ces cinq États ont encore tous voté pour le candidat républicain, mais lui ont donné des majorités assez faibles ; dans l'Indiana, sur 536,949 votes, cette majorité n'était plus que de 2,348. Leur défection assurerait le triomphe du parti démocratique, et c'est à déterminer cette défection que vont tendre tous ses efforts.

Cette œuvre incombe aux comités locaux, qui sont aux comités d'États ce que ceux-ci sont au comité central. Ils reçoivent de leur comité d'État l'impulsion, le mot d'ordre, les fonds dont ils ont besoin, les renforts qui leur sont nécessaires. Cette impulsion, ce mot d'ordre, le comité d'État les reçoit lui-même du comité central ; les fonds proviennent de la caisse générale et de la caisse spéciale à l'État ; les renforts consistent en orateurs populaires, en agents secrets, en ballots de brochures, de journaux, en publications d'actualité, en bandes de musiciens pour les parades publiques, en comparses secondaires pour simuler et stimuler l'enthousiasme, en dons d'uniformes aux pompiers, en subventions aux nombreuses sociétés volontaires, en frais de voitures surtout, car, une fois la campagne ouverte, « il n'est pas de politicien, selon le dicton populaire, qui aille à pied. »

Un chiffre emprunté aux comptes de dépenses de la dernière lutte présidentielle donnera une idée de ce que coûte, ou est censé coûter le transport en voitures des agents de tous ordres. Le comité central républicain traita avec un nommé Davenport pour fournir des véhicules à ses agents le jour de l'élection, et lui versa de ce chef une somme de 600,000 francs. Le comité, pour justifier cette dépense, disait dans son rapport que « ce service de voitures était indispensable. » Il faut le croire, car à chaque élection cette dépense augmente. « Il est vrai, ajoute un journal, que M. Davenport n'a pas d'autre industrie connue que la direction du bureau des voitures en temps d'élection. »

Les comités locaux, constitués dans tous les centres importants de l'État, ont chacun un district électoral à surveiller, à conquérir ou à défendre. Ces comités se composent des hommes influents ou habiles que le parti compte dans la région. Leurs services sont gratuits, leur concours volontaire en apparence, mais il n'en est guère qui n'ait, au succès, un intérêt personnel. Les plus capables ont la perspective d'une place, les autres celle d'un concours effectif pour leur candidature à l'un des nombreux emplois locaux. Ils travaillent pour leur parti et pour eux-mêmes. Au lendemain du succès, ils iront grossir la foule des *Carpet Baggers*, « porteurs de sacs de nuit, » qui se rue sur Washington en quête de places et de recommandations. Si quelques-uns font exception et sont des adhérents désintéressés et militants de leur parti, les autres appartiennent à la grande armée des politiciens dont le nom et la profession furent longtemps une spécialité américaine. Ils vivent de la politique, et les périodes électorales sont leurs périodes de travail ; ils ne chôment guère d'ailleurs, élections présidentielles, congestionnelles, municipales, élections de gouverneurs, de contrôleurs, de juges, de sénateurs, de représentants d'État, se succèdent et, pour toutes, on a recours à eux ou ils s'imposent. lisse recrutent dans toutes les classes sociales, ils n'appartiennent plus à aucune ; ce sont d'ordinaire des déclassés : déserteurs de l'atelier ou des fermes, des professions libérales, du commerce ou de l'industrie, en quête de chemins de traverse pour arriver et, de fait, les plus capables se hissent parfois à de hautes fonctions, encourageant les autres par leur réussite. Elle dépend de leur habileté, de leur entregent, de leur souplesse, de l'influence qu'ils savent conquérir et garder, nonobstant le peu de considération qui les entoure.

Les hommes politiques ne sauraient se passer d'eux, car ils s'entendent au maniement du suffrage universel ; ils connaissent à fond le district dans lequel ils opèrent, les votes sûrs, les douteux et les hostiles. Sans leurs pointages, presque toujours exacts, et que centralise le comité d'État en les contrôlant les uns par les autres, il serait difficile d'établir un relevé, même approximatif, des forces dont on dispose, du nombre de voix à déplacer pour convertir la minorité en majorité, des chances qu'offre cette opération, des moyens à employer, des individualités et des localités sur lesquelles concentrer ses dépenses et ses efforts. C'est d'après leurs indications que le comité d'État opère, après en avoir référé au comité central qui lui alloue les sommes nécessaires et lui fournit, avec un supplément d'agents et d'orateurs, les moyens d'action, parmi lesquels figurent invariablement les brochures, journaux et imprimés de toute sorte.

Ils constituent, en effet, l'un des modes de propagande les plus usités. Le compte-rendu des dépenses du comité central républicain, pour la campagne présidentielle de 1888, que nous avons sous les yeux, contient à ce sujet des indications curieuses. Les frais de poste et de transport des documents et des ballots de journaux répandus à profusion dans les États douteux se sont élevés à 500,000 francs ; 550,000 figurent au compte des voitures des orateurs ambulants, un million est affecté aux dépenses spéciales dans les États, alors douteux, de New-York, de New-Jersey, Indiana et Connecticut. Cette dernière dépense ne fut pas inutile. New-York donna à Harrison une majorité de 13,074 voix et l'Indiana de 2,392. Dans le Connecticut, le parti républicain n'échoua que de 336 voix et, dans le New-Jersey, que de 7,149. Un autre million figure au compte de la location des bureaux du comité central républicain à New-York, et surtout à celui des parades et défilés organisés dans cette ville avec grand renfort de musique et de drapeaux. « La plupart de ces parades et de ces défilés sont, écrit le *New- York Herald*, préparés par les comités des deux partis. En tant que facteurs actifs de la campagne, ces manifestations publiques ont peu d'importance. Elles n'en sauraient avoir que si elles étaient le résultat spontané de l'enthousiasme populaire, et c'est à le provoquer, à le faire naître qu'elles visent, souvent sans succès. Elles n'en coûtent pas moins fort cher, et quand les sommes réunies par dons volontaires spéciaux ne couvrent pas les frais, c'est à la caisse du parti de parfaire la différence. »

Cela est vrai pour New-York et aussi pour les grandes villes industrielles et commerçantes. Elles sont blasées sur cet enthousiasme de commande ; elles sont lasses de ces manifestations qui entravent leur trafic, qui détournent de leur travail commis et ouvriers. Mais il n'en est pas de même dans les États agricoles de l'Ouest, ainsi qu'il appert du rapport du président du comité démocratique de l'Illinois. Il réclame à grands cris des démonstrations publiques avec musique, drapeaux et coups de canon. « Une campagne *froide*, écrit-il, livrera l'État au parti républicain ; une campagne *chauffée à blanc* le donnera à Cleveland. Il y a, dans l'Illinois, un appoint nouveau et considérable d'étrangers récemment naturalisés et de jeunes hommes devenus électeurs depuis 1888 ; ils iront du côté qui leur fournira le plus d'occasions de parader, de tirer des salves d'artillerie. Il faut ici de l'élan, du bruit, du bruit surtout. Vous ne sauriez trop le redire au quartier-général du comité central démocratique.[1] »

Plus important encore est le rôle que les orateurs ambulants jouent dans la campagne présidentielle. Eux aussi, eux surtout, appartiennent à l'armée des politiciens. Ils en sont l'état-major secondaire, brillant et bruyant. L'Américain, taciturne d'ordinaire, est passionné pour les joutes oratoires ; il affectionne surtout l'éloquence emphatique et patriotique, déclamatoire et violente, les discours à grands mots et à grandes phrases, mais assez savamment gradués et dont la péroraison retentissante et passionnée constitue un genre particulier qu'il désigne du nom de *spread eagle*. C'est, en effet, « l'aigle américain, » aux ailes éployées, planant dans l'espace, élevant jusqu'aux nues le renom de la grande république ; c'est

____

1 Voyez *Chicago Times* du 19 août 1892.

l'orgueil national porté à son maximum d'intensité, s'épanchant en périodes sonores et vibrantes. On en sourit après coup, mais l'action n'en est pas moins efficace sur des auditeurs concentrés et silencieux, très accessibles à l'influence de la parole.

Ces orateurs, courtiers électoraux, sont connus et cotés dans leur parti ; selon leurs aptitudes diverses, on les achemine sur telle ou telle localité, on leur résume les arguments à développer, défensifs et agressifs ; on leur trace le cadre de leur discours, presque toujours le même, et qu'ils vont déclamant de ville en ville, de village en village, assistés d'un agent qui note, lui, l'effet produit, qui reprend en sous-œuvre les électeurs ébranlés, qui leur distribue les brochures et les imprimés. Certains de ces orateurs populaires, ceux-là surtout qui opèrent dans les villes secondaires, — car les grandes villes sont réservées aux hommes marquans, aux voix autorisées du parti, — arrivent, par leur faconde, à se faire un nom, une réputation, à se créer dans leur État une clientèle politique qui les envoie parfois siéger et défendre ses intérêts dans l'assemblée législative d'État, étape naturelle pour parvenir au congrès.

Ils ne sont pas payés, ouvertement du moins. Ils sont inféodés à un parti et le servent, en apparence, par conviction. Mais leurs frais de voyage et de séjour sont calcules de manière à les satisfaire et à largement rémunérer leurs services. Ils reçoivent, en outre et sous-main, des gratifications particulières des sénateurs, des représentants, des hommes politiques de leur parti, dont, dans leurs discours, ils préconisent le patriotisme et les talents, dont ils rappellent les services rendus, autant de jalons posés pour une élection future au congrès, aux fonctions locales importantes.

Non plus bruyamment, mais discrètement, les agents secrets, les *informers* du parti, opèrent et manœuvrent. Leur mission consiste à surveiller les agissements de leurs adversaires, à noter les infractions aux lois électorales pour, en cas d'insuccès, faire invalider le résultat. Les agents secondaires sont choisis parmi les résidents du district, mais les principaux sont, le plus souvent, des inconnus dans la localité. Ils contrôlent les renseignements de leurs subordonnés, mais ne s'en fient qu'à eux-mêmes pour les questions importantes ; ils correspondent directement avec le comité d'État, le renseignent, autant sur le bon fonctionnement de ses agents locaux que sur les manœuvres des agents du parti opposé dont ils cherchent à pénétrer la tactique et les secrets. « Ils se surveillent de si près, dit un rapport au comité central, que tout achat de vote est virtuellement impossible, et il y a tant de bavards autour des comités locaux que c'est tentative vaine de tenir secrètes les instructions qu'on leur envoie. Les communications qu'il importe au comité central de ne pas laisser connaître à ses adversaires ne doivent pas dépasser le comité d'État, et là, encore, elles courent grand risque d'être divulguées ou surprises. Le président seul de ce comité en doit être informé. Le président modèle d'un comité d'État, ajoute le rapporteur, ne parle pas et ne se laisse jamais interviewer par les journalistes. Tel fut le sénateur Quay, le type achevé des présidents de comité. Il était muet sur l'ensemble de ses plans ; il était inabordable aux questionneurs ; il excellait dans l'art de les renvoyer, sans les blesser, à ses subordonnés qui, ne sachant rien, ne pouvaient rien révéler. »

Dans la campagne actuelle, ces *informers* ont déjà rendu de sérieux services. « Il est aujourd'hui parfaitement avéré, écrit le *New-York Herald* du 24 août dernier, que le sénateur Hill et le lieutenant gouverneur Sheehan ont connaissance du plan de campagne secret du président Carter et du comité central républicain, plan imprudemment discuté par eux en présence d'un *informer* qui avait réussi à capter leur confiance et que l'on sait maintenant être un agent politique du sénateur Hill. On fait grand bruit de cette bévue ; elle confirme d'ailleurs les appréciations des hommes éminents du parti qui, depuis que la campagne est ouverte, ne dissimulent pas leurs appréhensions et s'expriment sévèrement sur le manque de méthode, de discrétion et d'énergie des membres du comité central. »

Si multiples et variées que soient les combinaisons auxquelles se prête une campagne électorale, la routine y joue un grand rôle. Toutes ces campagnes se ressemblent quant aux modes d'action, quant aux rouages à mettre en mouvement, de même qu'elles se ressemblent quant au but à atteindre. Mais la routine n'est ici que le résultat d'une longue expérience, d'une tradition constante quant à l'efficacité des moyens d'influencer l'électeur. Au premier rang, comme dépense, figure l'envoi de brochures, de journaux, d'imprimés de toute nature. Il semble, de prime abord, que les frais considérables que ces envois occasionnent pourraient être beaucoup réduits et, de l'avis de tous, ils sont excessifs. « C'est, écrit un agent électoral expérimenté, par les discours des orateurs populaires que les arguments contenus dans ces feuilles imprimées atteignent directement les électeurs. Peu d'entre eux ont le loisir ou la patience de lire des brochures. De toutes les publications, les seules qui portent sont celles qui, sous une forme brève, concise, résument les arguments les plus intelligibles pour les masses. » Et il cite, comme modèle du genre, comme exemple à suivre, une carte tirée à des millions d'exemplaires, lors de la dernière campagne présidentielle. Elle était l'œuvre du révérend Burchard et ne portait que ces trois mots : *Rum, Romanism, Rebellion.* On la distribua à profusion le dimanche qui précédait l'élection, à l'issue des services divins ; on l'afficha sur tous les murs, on la glissa sous toutes les portes. L'élection avait lieu le mardi suivant et cette carte, ainsi lancée à la dernière heure, par le comité républicain que dirigeait M. Blaine, demeurée, faute de temps, sans réplique, rallia au parti républicain nombre d'électeurs jusque-là indécis, persuadés que l'élection du candidat démocrate aurait pour résultat l'accroissement de la consommation des spiritueux, la prédominance du catholicisme et une nouvelle guerre de sécession. « Les trois R, disait l'un des chefs du parti, nous ont donné la victoire dans les États puritains. »

Ce qui rend de plus en plus lourde la dépense des imprimés, ce sont les exigences des sénateurs et des représentants de chacun des deux partis, pour lesquels la campagne présidentielle est une occasion de faire publier, aux frais de la caisse générale, leurs discours au congrès et de les envoyer gratuitement à leurs électeurs. A les en croire, la diffusion de leur parole est indispensable au succès de la cause commune. D'autre part, l'heure serait mal choisie pour indisposer, par un refus, des hommes influents dans leurs états et sur le concours desquels on fait fond. Les vanités blessées ne pardonnent pas ; aussi, pendant les quelques semaines que dure la lutte présidentielle, est-ce par énormes ballots que l'on expédie, sur tous les points de l'Union, la prose des membres, du congrès. Le nombre de ces ballots s'accroît encore quand il s'agit des élections au sénat et à la chambre des représentants, et le montant des frais de transport s'élève alors brusquement d'un à deux millions de francs. Il ne sera pas moindre pour la campagne en cours. Le parti démocratique se propose en effet de répandre, par millions d'exemplaires, une série de brochures extraites d'un livre en préparation écrit par M. Josiah Quincy, l'un des hommes littéraires en vue de l'Union ; sa plume incisive et vigoureuse se prête merveilleusement à ce genre de pamphlets politiques, dont on semble attendre d'importants résultats.

Section III

Ce n'est pas sans une sérieuse et légitime appréhension que, depuis un quart de siècle, la partie industrielle et commerçante de la population des États-Unis voit s'ouvrir tous les quatre ans une campagne présidentielle et surgir une crise politique. Ces appréhensions s'accroissent en raison directe de l'importance des questions soulevées, de la durée de la campagne qui absorbe virtuellement près de six mois, de l'influence désastreuse qu'elle exerce sur le commerce et l'industrie, ainsi que sur les transactions de toute nature. A mesure que le pays se peuple et s'enrichit, qu'il se développe et grandit, le nombre des fonctions rétribuées s'accroît et, avec lui, l'importance du butin à se partager. L'armée des politiciens grossit démesurément et le niveau moral baisse. La politique devient une industrie, et la corruption s'étend.

Mais, surtout, les intérêts matériels souffrent et, sur ce point, le Yankee n'entend pas raillerie. Il n'est pas homme à récriminer contre les pertes qu'il subit du fait de ses spéculations. Prêt à beaucoup risquer pour beaucoup gagner, il est résigné à se ruiner, quitte à recommencer. Il est joueur, et gros joueur, par tempérament, mais il n'entend pas que la politique brouille systématiquement les cartes et introduise, dans ses combinaisons, un aléa sans compensation. Un temps d'arrêt régulier, à date fixe, dans toutes les branches de l'industrie, n'est pas pour lui plaire et, comme il aime à comprendre et excelle à chiffrer, il a voulu se rendre compte de ce qu'une élection présidentielle coûte à tous, de même qu'il sait ce qu'elle lui coûte en tant qu'adhérent de l'un des deux grands partis en présence.

Il a procédé à cette enquête, et les résultats qu'elle lui a donnés le font réfléchir. La presse les a centralisés, compulsés, minutieusement révisés. Elle a fait comparaître à sa barre les financiers les plus compétents, les banquiers les mieux renseignés, les marchands de blé de Chicago et les manufacturiers de Pittsburg, les rois de l'or et de l'argent, du fer, du sucre, du pétrole, des chemins de fer et des bateaux à vapeur, les millionnaires et les milliardaires, Andrew Carnegie et Crocke, Huntington et Armour, Sloane et Standford, Spreckels et Fair et aussi les rois de Wall-Street : Gould et Dillon, Sage, William et Sturges.

Il y a quatre années de cela. C'était au lendemain de la grande bataille électorale qui ramenait Harrison et le parti républicain au pouvoir avec une majorité de 65 votes électoraux et de 20 États contre 18, mais avec une minorité de 97,883 suffrages. La lutte avait été chaude, le résultat longtemps incertain. Pendant six mois, la vie commerciale avait été comme paralysée, les transactions ajournées, et l'on se demandait s'il ne serait pas d'une sage politique d'épargner au pays des secousses aussi rapprochées, d'étendre le terme des pouvoirs présidentiels, d'en fixer la durée à six ou sept années au lieu de quatre et de déclarer le président sortant non rééligible.

On supputait que ce n'était pas trop de six mois au président élu pour réorganiser l'administration dissoute, que les six derniers mois de son exercice étaient absorbés par les préoccupations d'une réélection possible, que les trois années restantes ne suffisaient pas à l'étude des questions économiques, en dehors de l'expédition des affaires courantes. On rappelait qu'il n'avait pas fallu moins de trois ans à Cleveland pour arrêter les grandes lignes de son programme financier et, qu'au moment même où il se préparait à soumettre au congrès, et, par lui, à la nation, les conclusions auxquelles l'avait amené un examen attentif des problèmes les plus graves et les plus compliqués, les chefs du parti démocratique l'avertissaient que le temps lui faisait défaut pour donner à l'opinion publique les explications nécessaires, pour calmer les appréhensions ignorantes des uns, pour réfuter les sophismes volontaires des autres. Il importait, toute affaire cessante, de s'occuper de la campagne électorale et de solliciter un nouveau mandat qui, seul, le mettrait à même d'obtenir du congrès un examen approfondi de la situation anormale créée au trésor par d'énormes excédents de recettes, ainsi que des remèdes qu'il proposait d'y apporter.

Ces calculs étaient justes, ces faits étaient exacts, et l'on s'explique qu'au lendemain de l'élection qui renversait Cleveland et amenait

Harrison, on ait agité la question de savoir si le moment n'était pas venu de modifier la loi constitutionnelle et d'assurer au chef du pouvoir exécutif un plus long terme d'exercice. C'était rompre avec les traditionnels errements qui, depuis 1789, avaient fait loi pour 26 présidents, et l'on hésitait à revenir sur la décision des fondateurs de la république. Eux-mêmes, cependant, avaient hésité longtemps à la prendre.

Lorsqu'en mai 1787, Edmund Randolph et Charles Pinkney soumirent à la convention nationale leur rapport sur les lois organiques des États-Unis, ils laissèrent en blanc la durée des pouvoirs du président, durée sur laquelle ils n'avaient pu se mettre d'accord. La première motion fut celle de James Wilson, représentant de la Pensylvanie ; il proposa d'insérer trois ans, mais aussi une clause déclarant le président rééligible. Charles Pinkney voulait sept années. Roger Sherman appuya la motion de James Wilson et George Mason celle de Pinkney, sous la réserve expresse que le président ne pourrait être réélu après sept années d'exercice. La question se posa, tout d'abord, pour ou contre le chiffre de sept années. Cinq États : New-York, New-Jersey, Pensylvanie, Delaware et Virginie votèrent pour ; quatre : Connecticut, la Caroline du Nord, la Caroline du Sud et la Géorgie votèrent contre ; Massachusetts se déclara divisé. D'un commun accord, on ajourna la solution.

Telle était l'indécision des législateurs sur cette question importante, que, lorsqu'elle revint, quelques jours plus tard, en discussion, sur le rapport de Gorham, Alexander Hamilton proposa que le président fût nommé à vie. On écarta cette motion après débats, et la majorité se prononça, par un vote préliminaire, en faveur de sept années, mais sous la réserve de non-réélection.

En juillet, nouvelle discussion. Cette fois, la clause restrictive quant à un second mandat est mise de côté. On examine la question de prolongation indéfinie des pouvoirs sous la condition de *good behaviour*, de « bonne conduite, » mais la majorité y est hostile. La double préoccupation qui se fait jour dans les débats est, d'une part, d'affranchir le pouvoir exécutif du contrôle du pouvoir législatif, de l'autre, d'écarter jusqu'à l'apparence d'une monarchie. Cette dernière prévaut, et la clause de *on good behaviour* va rejoindre celle de non-rééligibilité.

Le vote du lendemain semble décisif. La convention se prononce contre le terme de sept années. Ellsworth propose que le président soit élu pour six ans. « Si les élections sont trop fréquentes, dit-il, le pouvoir exécutif sera trop faible. Ses fonctions sont de nature à le rendre impopulaire, pour un temps du moins, et sa gestion sera constamment critiquée. » Et Williamson, qui appuie cette motion, ajoute : « Une élection présidentielle coûte cher ; il n'y a pas lieu de la répéter fréquemment. Puis, il peut arriver que les hommes les mieux qualifiés pour exercer le pouvoir se refusent à le briguer pour un terme trop court, qu'ils se tiennent à l'écart et soient remplacés par des ambitieux. »

On s'arrête au terme de six années contre lequel l'État du Delaware est seul à voter. Nouvel ajournement, nouveaux débats ; Williamson revient à la charge ; il réclame sept années, mais ne veut pas d'un second mandat. « Si le président est rééligible, dit-il, il fera tout pour se maintenir en place, sa vie durant, et pour transmettre le pouvoir à son fils. Je crains fort qu'un jour ou l'autre nous n'en revenions forcément au régime monarchique, mais notre devoir est de retarder, autant que faire se peut, cette éventualité ; une des premières conditions est de rendre le président non rééligible. Si cette restriction est adoptée, je n'ai plus d'objections à voter pour sept ou même dix ou douze années. » Ces arguments ébranlent la convention ; elle semble disposée à suivre Williamson dans la voie où il s'engage. Gerry appuie sa motion ; Alexander Martin propose de fixer la durée des pouvoirs à onze années ; Gerry renchérit et suggère quinze, King demande vingt. Mais Morris intervient ; il plaide avec chaleur et conviction en faveur d'un court terme et d'un mandat renouvelable. « Vous proposez, dit-il, de remettre au président le pouvoir pour quinze ou vingt ans, mais c'est mal connaître la nature humaine de croire qu'il vous suffit de déclarer qu'il ne pourra être réélu. Quelle est votre sanction ? Pensez-vous qu'après avoir exercé la magistrature suprême pendant un aussi long terme, il se résignera plus facilement à redevenir un simple citoyen ? Il aura tôt fait de tourner l'impuissant obstacle que vous croyez lui opposer. Chef de l'armée, il se refusera à quitter le pouvoir ; ce sera la guerre civile, et je vous prédis que, ce jour-là, le vainqueur, quel qu'il soit, deviendra le maître, et votre république aura vécu. »

Les arguments de Morris l'emportèrent, mais ce ne fut que le 4 septembre, après plus de quatre mois de discussions, que la question fut enfin tranchée. A l'unanimité, moins le vote de la Caroline du Sud, la convention décida que le président serait nommé pour quatre ans et serait rééligible.

On voit combien, sur cette question vitale, ces hommes si décidés se montrent indécis. Ils hésitent et tâtonnent ; ils votent dans un sens, puis dans un autre, selon la préoccupation du moment. Aussi la loi qu'ils édictent, après des tergiversations nombreuses, a-t-elle, malgré la consécration du temps, un caractère provisoire aux yeux de beaucoup d'hommes politiques aux États-Unis. Ils estiment que l'on peut la modifier sans porter atteinte aux traditions, sans manquer au respect dû à l'œuvre constitutionnelle de la convention. La question sur laquelle les fondateurs de la république, *the Fathers of the Republic*, se sont attardés, qu'ils n'ont résolue qu'après tant d'atermoiements, peut être agitée à nouveau. On a, pour la résoudre au mieux des intérêts généraux, des éléments d'appréciation qui faisaient défaut aux législateurs de 1787, et une expérience plus que séculaire.

Cette expérience a justifié, et bien au-delà, les prévisions de Williamson. Les dépenses électorales augmentent à chaque terme nouveau. Puis il est arrivé ce que ni Williamson, ni Morris, ni personne autre ne prévoyait alors, à savoir que l'union américaine compte aujourd'hui 37 États et territoires peuplés de plus de 63 millions d'habitants, qu'elle constitue l'une des plus puissantes nations du monde, l'une des plus riches et des plus commerçantes. Tout est changé depuis 1787 ; la république, solidement assise, n'a rien à redouter d'une désaffection populaire ou d'un coup de main contre les institutions démocratiques. Si d'autres dangers la menacent, celui d'un changement de régime, de la substitution d'une monarchie à la forme actuelle, paraît définitivement écarté. A cette appréhension, légitime en 1787, au lendemain d'une guerre qui consacrait l'affranchissement des colonies, mais laissait subsister encore, chez nombre de colons, les traditions anglaises de respect et d'attachement à la royauté, d'autres préoccupations ont succédé. Elles se font jour et nous les retrouvons dans les résultats de l'enquête officieuse de 1888.

Cette enquête avait un double but : estimer les inconvénients et chiffrer les pertes qu'entraînait pour le pays une crise présidentielle revenant tous les quatre ans ; aviser aux moyens d'y remédier. Nous la résumerons en nous appuyant sur les témoignages les plus éclairés et les plus probants. Quant aux évaluations, elles varient ; il n'en saurait être autrement en matière si complexe. La plus modérée, celle à laquelle les hommes les mieux à même de juger se rallient, donnait déjà, en 1888, le chiffre formidable de *deux milliards et demi de francs*, 500 millions de dollars.

Au premier abord, ce chiffre paraît exorbitant. On hésite à croire qu'une crise présidentielle inflige à la grande république une perte aussi énorme ; d'aucuns, cependant, tiennent ce chiffre pour inférieur à la réalité et le portent à trois milliards. Sur quelles bases s'appuie-t-on pour dégager l'inconnue d'un problème de cette nature ? Il en est plusieurs, la plupart empruntées aux relevés statistiques du mouvement commercial des États-Unis, à la comparaison des chiffres afférents aux périodes similaires dans les années d'élection présidentielle et dans les années autres, enfin à l'écart entre ces chiffres. Mais si exact que puisse être un pareil calcul, il ne saurait s'imposer comme probant. Il ne suffit pas en effet d'établir la résultante du temps d'arrêt que subissent les transactions commerciales, il faut déterminer celle de la production agricole, manufacturière et industrielle, celle qu'accusent les publications des 3,577 banques nationales et des A,500 banques d'État ou particulières, opérant sur un capital de 9,770 millions de francs, dépositairesde7,625 millions en comptes-courants ; il faut en déduire ce qui n'est qu'opérations ajournées, reprises au lendemain de la crise. Le problème est singulièrement compliqué et, seul, un petit nombre d'hommes, aux États-Unis, était à même de le résoudre.

L'un des plus compétents, à coup sûr, était M. Chauncey M. Depew. Financier émérite, industriel de premier ordre, président de l'une des plus grandes compagnies de chemin de fer, ses aptitudes multiples, son expérience consommée et sa grande position de fortune le désignaient comme le plus apte peut-être à élucider et à résoudre la question. Elle lui fut soumise par le *New-York Herald*, et sa réponse fut des plus nettes. « Le coût d'une élection présidentielle, dit-il, est énorme. Il dépasse incalculablement les prévisions les plus hardies des fondateurs de la république et, tous les quatre ans, ce coût s'accroît. Il résulte de mes constatations que, pendant la campagne électorale, nombre de manufactures chôment, toute expansion, tout mouvement en avant cesse. L'industrie, le commerce, l'agriculture, se contractent, se replient sur eux-mêmes, dans l'attente de l'orientation économique que déterminera l'élection. Des calculs que j'ai faits, il résulte qu'en temps normal, pendant la période correspondante à celle de la crise présidentielle, le montant des transactions intérieures de toute nature s'élève à 5 milliards de dollars (25 milliards de francs). Je n'estime pas que le déficit afférent à la crise politique intérieure soit inférieur à 10 pour 100 de ce total ; c'est, selon moi, une somme de 500 millions de dollars que la période du renouvellement des pouvoirs présidentiels coûte actuellement à l'Union américaine.[1] »

Consultés à leur tour, les présidents des chambres de commerce n'ont pas été moins explicites. Par des voies différentes ils arrivent à des chiffres plus élevés, faisant entrer en ligne de compte la perte de salaires encourue par les employés et ouvriers qui désertent le comptoir ou l'atelier pour assister aux réunions électorales et prendre part aux manifestations publiques. Les appréciations des financiers, des rois de l'argent, diffèrent de peu. J. Gould se refuse toutefois à préciser un chiffre. « La perte est énorme, dit-il ; elle affecte sérieusement l'industrie nationale et la circulation monétaire et, bien que je ne puisse l'évaluer en dollars, n'ayant pas le loisir d'étudier à fond la question, j'estime qu'il est urgent de chercher au plus tôt un remède à un pareil état de choses. » Sydney Dillon conclut de même, et aussi Samuel Sloan et Russell Sage. Leurs évaluations se rapprochent de celle de M. Depew.

Les présidents des banques nationales et des banques d'épargne, George G. William, Henry H. Hoguet, William G. Sturges, sont plus catégoriques encore, étant mieux à même que personne de se rendre un compte exact de l'activité ou du ralentissement des transactions. Ils ont, en quelque sorte, le doigt sur le pouls du patient ; ils voient s'élever ou s'abaisser le montant des dépôts, se réduire ou s'accroître le chiffre de l'épargne, l'argent circuler ou demeurer stagnant. « Pas un homme politique, dit M. Hoguet, n'a cure du ralentissement brusque et soudain dont l'ouverture de la campagne présidentielle donne le signal. Toutes les grandes

---

1 Voyez le *New-York Herald* du 14 novembre 1888.

entreprises, tous les gros contrats s'arrêtent simultanément. » Et M. Sturges ajoute : « Je ne crois pas qu'il convienne de faire entrer en ligne de compte, dans le calcul, la perte de salaires volontairement encourue par l'ouvrier ; il faudrait alors faire entrer en ligne ce que gagnent les agents électoraux et tous ceux pour lesquels une élection est une occasion de gains. Nous voyons bien, pendant les périodes électorales, ce que l'ouvrier retire de la caisse d'épargne, mais nous ignorons ce qu'encaissent les politiciens. Ce qui est certain, c'est que le pays souffre et que les pertes sont énormes. » Même unanimité chez les grands courtiers en marchandises, en fonds publics, en propriétés. Ils évaluent de 25 pour 100 à 50 pour 100 le montant du ralentissement des transactions. Sur les hypothèques seules, la différence se chiffre par 25 millions, sur les courtages par 10, sur les assurances par 15.

S'il fallait accepter sans contrôle les pertes accusées par les manufacturiers, industriels et négociants de tous ordres, le chiffre de 2 milliards 1/2 serait de beaucoup dépassé ; mais il importe de tenir compte du fait que des commandes différées ne sont pas toujours des commandes supprimées et qu'une période de stagnation est souvent suivie d'une période de reprise. La comparaison des chiffres d'affaires, pendant et après la crise, avec ceux des périodes correspondantes ordinaires permet de rétablir les faits. Tels qu'ils sont, ils ne laissent aucun doute sur le bien-fondé des plaintes et ils n'infirment en rien une évaluation que beaucoup tiennent pour trop faible et contre laquelle nul ne s'inscrit en faux.

Les intérêts lésés ont donc remis à l'ordre du jour la question, si péniblement tranchée par la convention nationale, de la durée des pouvoirs présidentiels. A en juger par le retentissement qu'eut, en 1888, l'enquête officieuse que nous venons de résumer, à en juger par la presque unanimité avec laquelle l'opinion publique se prononça alors en faveur d'une révision, sur ce point, de la loi constitutionnelle, on eût pu croire qu'avant peu ce serait chose faite et que, dès l'ouverture du congrès, la question se poserait officiellement. Il n'en a rien été et il n'en pouvait rien être. Au lendemain d'une élection chaudement contestée, le pays était las de controverses politiques ; il n'avait qu'un désir : respirer et se remettre à ses affaires ; qu'un souci : ajourner à des temps plus calmes une discussion sans résultat pratique immédiat.

Le débat n'est toutefois qu'ajourné ; dès le 9 novembre 1892, on entendra les mêmes plaintes et les mêmes récriminations, plus vives et plus urgentes peut-être qu'en novembre 1888. Tôt ou tard il faudra bien s'y rendre et en aborder l'examen. Si propre à agir sur les imaginations que puisse être, dans un pays commerçant comme les États-Unis, l'argument tiré des pertes infligées à l'industrie nationale et du chiffre même de ces pertes, il ne sera pas le seul qui décidera, l'heure venue, de la modification à introduire dans la constitution. Le patriotisme inquiet fera, lui aussi, entendre sa voix. Si les opinions diffèrent en effet sur l'extension de durée des pouvoirs présidentiels, si les uns, avec Chauncey M. Depew, Dillon et Sage, recommandent six années, si les autres, avec Gould, Sloane, Brown, se déclarent en faveur de huit, il est cependant un point sur lequel tout le monde est d'accord et qui, dans l'opinion de tous, l'emporte encore sur les considérations d'ordre purement pécuniaire : c'est la nécessité d'arrêter le recrutement d'abord, puis de hâter le licenciement de l'innombrable armée des politiciens. Ils encombrent les avenues du pouvoir, ils introduisent dans les élections, qui devraient être œuvre de citoyens, un ferment de corruption qui démoralise les masses et qui écarte des fonctions publiques les plus clignes de les briguer, les plus capables de les remplir.

Si l'opinion évolue, depuis plusieurs années, dans un sens nouveau, si, par ses agents attitrés : la presse, la brochure, le livre et la parole, elle réclame un gouvernement fort, si elle met en suspicion le suffrage populaire et tient ses verdicts en médiocre estime, la faute en est aux politiciens. Ils faussent le rouage principal, celui qui met en mouvement la machine gouvernementale. Ils constituent, à l'heure actuelle, l'un des deux grands dangers qui menacent la république.

L'autre, nous l'avons signalé plus haut et aussi plus d'une fois ici,[1] c'est l'accumulation de capitaux énormes dans un petit nombre de mains ; c'est l'existence de ces grandes fortunes américaines qui étonnent le monde et dont nous avons retracé l'histoire. Depuis quatre ans que notre travail a paru, le nombre de ces fortunes s'est encore accru ; de nouveaux noms prennent place dans le livre de l'or, noms de personnalités puissantes : celui de Rockafeller avec

---

1 Voyez la *Revue* des 15 juin, 1er septembre, 1er novembre et 15 décembre 1888.

350 millions, de Blair avec un chiffre égal, ceux de Standford, Huntington, Carnegie avec 250 millions, de Coxe, Drexel, Fair, Sinton, Sloane, Dillon, Armour, Spreckels, Wenamaker avec plus de 100 millions chacun. A côté de ces capitalistes, colossalement riches, apparaissent des corporations qui ne le sont pas moins, corporations anonymes : *Trust companies*, syndicats, banques, disposant de puissants moyens d'action, possédant de grands journaux, influençant dans un sens favorable à leurs intérêts les législatures d'État, pesant d'un poids considérable sur les décisions du congrès.

Ce double danger, il n'est aucun Américain éclairé qui ne le sente et ne le signale. Nous voyons aujourd'hui les capitalistes, les financiers, les grands industriels dénoncer le premier et, pour le conjurer, réclamer l'extension des pouvoirs du président, des élections moins fréquentes et le licenciement des politiciens. Le second préoccupe tous les esprits, il se fait jour dans d'innombrables brochures, dans celles notamment de l'importante corporation des *chevaliers du travail* ; il se révèle par des grèves comme on n'en avait pas encore vu, par le singulier spectacle de la lutte d'un homme contre des milliers d'hommes, de Carnegie levant à ses frais un bataillon, s'adressant à l'agence Pinkerton qui lui fournit, à prix débattu, des transports armés en guerre, des combattants qui vont tuer et se faire tuer pour une cause qui n'est pas la leur.

Attendre de l'élection présidentielle du 8 novembre prochain un remède à ce double danger, ce serait attendre l'impossible. L'évolution sera lente, le résultat viendra à son heure, mais il est à souhaiter pour la grande république que cette heure ne sonne pas trop tard et que le mal ne s'aggrave pas. C'est déjà un symptôme favorable que l'inquiétude et l'agitation qui se manifestent. Nous sommes ici sur terre anglo-saxonne ; les brusques revirements y sont rares ; on y procède avec une sage lenteur, mais, une fois saisie d'une question, et d'une question aussi vitale, l'opinion publique ne s'en dessaisit plus ; elle la tourne et la retourne sous toutes ses faces ; elle pèse et soupèse la solution qu'elle comporte et, le moment venu, elle l'impose.

ISBN : 978-1721185054

www.ingramcontent.com/pod-product-compliance
Lightning Source LLC
Chambersburg PA
CBHW072331270726
48658CB00016B/2277

9 781721 185054